ごはんですよ

くり返し作るわたしの定番レシピ集

なかしましほ

文藝春秋

はじめに

子どもの頃は
「ごはんですよー！」と階段の下から母親が呼ぶと、
今日は何だろうと思いながら、姉と一緒にかけ下りたものです。
エビフライなど好物の日はテーブルについて、
にやにやしながらでき上がりを待っていました。
でもたいていは野菜の煮物や魚が中心のごはん。
子どものわたしにはなんだか地味なものに感じられていたけれど、
そんなごはんこそ、今の自分が好きな、心穏やかになる味のものばかりだったと気づいたのは
最近になってからのことです。

ベトナム料理店やオーガニックレストランなどでコックをした後、
自分が好きなお菓子をみなさんにも食べてほしくて、
foodmood（フードムード）というおやつの店をはじめました。
料理の仕事をしているので台所作業が大好きだと思われがちなのですが、
朝から夕方まで集中して厨房に立っていると、実は
「今日のごはん作るの面倒だなあ」と思う日もあります。

でもやっぱりおいしいものが食べたい。

そんな時は、ちょっとだけ自分をはげまして、
「ひとつだけのごはん」を作ります。
それはひと皿にあれこれ盛りつけたようなお洒落なワンプレートごはんではなくて
正真正銘（？）一種類だけのごはん。
家族と囲んだ晩ごはん、やさしい味わいが和食にも通じるベトナムの味、
コックの先輩が作ってくれたまかない……
たくさんの舌の記憶を今の自分なりにアレンジして、
お米やめんを中心に、ささっとでき上がったおいしいひとつのごはんに向き合えば、
外での緊張や色々なことから自由になっていくのがわかります。
そして「ああ、やっぱり家で作ってよかったなあ」と思うんです。

この本で紹介するのは、いつもわたしが食べているごく個人的なメニュー、
できるだけ身近な材料で、気楽に作れるものばかりです。
それぞれが忙しく毎日を過ごしている時こそ、
自分で作った「ひとつのごはん」を食べてみてほしいなと思います。
そして、お腹だけでなく心も満足してもらえたら、とてもうれしいです。

ごはんですよ　もくじ

やっぱり大好きな
パンと粉もの

幸せのひとさじ
スープ

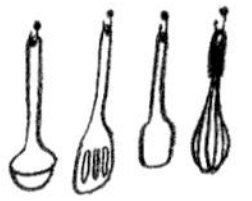

おいしいごはんのために大切な４つのこと

1　準備が肝心

最初に材料を揃えて、下ごしらえを終えておきましょう。
途中で手をとめずにすみ、作業がスムーズに進みます。

2　味見はもっと肝心

仕上げる前にはかならず味見をしましょう。好みの味に仕上げることができるのが、自分で作るごはんのいいところです。だけど味見をしすぎても味がわからなくなるので気をつけて！

3　計量、材料の表記のこと

大さじ１＝15㎖、小さじ１＝５㎖、１カップ＝200㎖。
油について、ただ「油」とだけ書かれている場合には、好きな油を使ってください(わたしは菜種油を使うことが多いです)。特に「これが一番合う」と思っているレシピには、「ごま油」などの種類を記します。「こしょう」とある場合には、黒こしょうを使用。スーパーで売られている、その都度ガリガリ挽くタイプのものが、断然、風味がいいです。「赤とうがらし」は乾燥タイプを種を取って使用。

4　失敗は成功のもと

それぞれのレシピの中でもコツを紹介していますが、その他にも材料やレシピの用語について疑問に思ったり作ってみて「変だな」と感じたら、p.84～の『ごはんですよ』花嫁修業百科をめくってみてください。

ちなみに……

食べたい時が作る時。この本のごはんは、実際の作業時間が15分前後の簡単なものばかりです。気楽な気もちで作ってみてください。それが何よりのおいしさにつながります。

何はなくとも お米のごはん

米どころで育ったからか、小さい頃からお米好き。すこしのおかずでごはんがたくさん食べられるってこの歳で自慢してもいいのでしょうか…… お米さえあれば、どこでだって暮らせるような気がします。

きのこのさっぱりごはん

ふたを開けた瞬間、ふわーっと立ち上がる香りに幸せを感じる炊き込みごはん。
たっぷりのレモンとオリーブオイルにおしょうゆで、何風でもないちょっと不思議な魅力をもった味に。
さっぱりとした酸味で、どんどんはしが進みます。

材料（3〜4人分）

お米……２合
しいたけ、マッシュルーム、まいたけ
　……各１パック
ベーコンスライス……４枚
レモン汁……½個分（約大さじ１杯分）
万能ねぎ……５本
A［しょうゆ……大さじ１
　酒……大さじ１
　オリーブオイル……大さじ１］
塩……小さじ⅓〜
こしょう……適宜

準備

- お米は炊く30分以上前にといで鍋に入れ２合分（360mℓ）の水につけておく
- 万能ねぎは小口切りにする

作り方

1　ベーコンは1cm幅に、しいたけ、マッシュルームは薄切りにし、まいたけは小さくほぐす。ボウルにきのことAを入れ、手でやさしくさっくり全体を混ぜる。

2　お米を入れた鍋にベーコン、きのこの順に重ね、ふたをせずに強火にかける。大きくぶくぶく沸騰したら、ふたをしてごく弱火にし、12分炊く。火を止めて10分蒸らす。

3　ふたを取り、レモン汁、万能ねぎを加えさっくりと混ぜ、塩・こしょうで味を調《ととの》える。

他のきのこでも
おいしいよ。
食べやすく切ってね

しょうがたっぷりキーマカレー

大好きなしょうがをきかせたカレーを、簡単においしく作れたら……と生まれたメニュー。
きざんだしょうがでシャキシャキの食感、すりおろしてじんわりした辛味を。
にんじんジュースのコクとやさしい甘みが、スパイシーな味をひとつにまとめてくれます。

材料（2～3人分）
しょうが……3かけ
玉ねぎ……½個
赤とうがらし……½本
油……大さじ2
豚ひき肉……200g
カレー粉……大さじ1.5
トマトケチャップ……大さじ2
にんじんジュース……200㎖
塩……小さじ⅓～
ごはん……人数分
ゆで卵……好みで

準備
・しょうがの皮は汚れている部分は取り
　2かけ分をみじん切りに
　1かけ分はすりおろしておく
・玉ねぎはみじん切りにする

作り方

1　フライパンに油を熱し、みじん切りにしたしょうが、玉ねぎ、赤とうがらしを入れ
強めの中火でうすく茶色に色づくまで10分ほど炒める。

2　ひき肉を加え、肉の色が変わってさらにぽろぽろになるまでしっかり炒めたら
カレー粉を加えて全体になじませる。

3　トマトケチャップ、しょうがのすりおろし、にんじんジュース、塩を加え
時々混ぜながら弱火で10分煮詰める。
器にごはんをよそい、カレー、好みでゆで卵を添える。

ひき肉は、ぽろぽろになるまで
しっかり炒めると
肉の臭みがぬけますからね

甘栗おこわ

秋になるとおばあちゃんが作ってくれた、栗がごろごろ入ったしょうゆ味のおこわ。
重箱にぎっしりでもあっという間になくなってしまう、家族みんなが大好きなごはんでした。
おばあちゃんの味にはまだまだ追いつけないけれど、あの味が恋しくなって作ってしまいます。

材料（2～3人分）

もち米……2合
甘栗……2パック（約20個）
しょうが……1かけ
焼豚……4枚
A［オイスターソース……大さじ1
　 しょうゆ……大さじ½
　 紹興酒（日本酒でも）……大さじ1
ごま油……少々

準備

・もち米は炊く30分以上前にといで鍋に入れ2合分（約360mℓ）の水につけておく
・しょうがはみじん切りに、焼豚は1cm角に栗の大きいものは半分に切る

作り方

1　もち米を入れた鍋にAを加えて軽く混ぜ
栗、みじん切りのしょうが、焼豚をのせ強火にかける。
沸騰したらごく弱火にし、ふたをして12分炊く。
火を止めて10分蒸らす。

2　ごま油少々をたらし、さっくりと混ぜる。

えび、たけのこ
うずら卵やキクラゲ……
いっぱい入れて
ぜいたくすることも！

麩《ふ》じゃが

お麩は味気ないふわふわしたものだとばかり思っていたので、しっかり食べごたえのある調理法を知って「こんな食べ方もあるんだ！」とびっくりしました。肉じゃがならぬ麩じゃがは冷めるといっそう味がなじみます。家族からもリクエストの多い定番メニューです。

材料（2人分）

車麩《くるまふ》……3枚
玉ねぎ……½個
じゃがいも……1個
ごま油……大さじ1
A
- しょうゆ……大さじ1
- きび砂糖……大さじ1
- 酒……大さじ2

水……50㎖

ごはん……人数分（今回は黒米入りのごはん）

準備

- 車麩はたっぷりの水（分量外）に5～10分つけてもどし、両手でぎゅっとはさんで水がたれないくらいまでしぼり、2～3等分する
- 玉ねぎはくし形切り、じゃがいもは皮をむいて一口大に切る

作り方

1 鍋にごま油を中火で熱して麩をさっと炒め
玉ねぎとじゃがいも、Aを加えてざっと混ぜる。

2 火を少し弱めて水を加え、ふたをして時々混ぜながら
じゃがいもがやわらかくなって汁気がほぼなくなるまで煮る。
（途中で煮詰まりそうになったら、適宜、水を足す）
器にごはんをよそい、麩じゃがを添える。

車麩をおいしく味わうポイントは
油をしっかり使うこと。
味もちょっと濃い目にすると
ごはんに合うんだよねぇ

にんじんピラフのドリア

昔家族でレストランに行った晩、おじいちゃんが頼んだドリアだけなかなか来なくて
やっと来た器はとっても小さく、子ども心にひやひやしました。オーブンで丁寧に焼かれていたこと
濃厚だからちょっぴりでも大満足だと知ったのはずっと後のことです。

材料（2人分）

にんじんピラフ

- お米……1合
- すりおろしたにんじん……大さじ3（⅓～½本）
- ツナ……小½缶
- しょうゆ……小さじ½
- 塩……ふたつまみ
- こしょう……適宜

クリームソース

- 玉ねぎ……¼個
- 油……大さじ½
- 薄力粉……大さじ1
- 豆乳……200㎖
- 塩……小さじ¼
- こしょう……適宜

溶けるチーズ……適宜

準備

- お米は炊く30分以上前にといで鍋に入れ、1合分（約180㎖）の水につけておく
- 玉ねぎは薄くスライスする

作り方

1　にんじんピラフを作る。
お米を入れた鍋に、にんじんのすりおろし
しょうゆ、塩、こしょうを加えざっと混ぜ
上にツナをのせて強火にかけ、沸騰したらふたをして、ごく弱火で10分炊く。
火を止めて10分蒸らし、軽く混ぜておく。

2　クリームソースを作る。
フライパンに油を中火で熱し、玉ねぎを炒める。しんなりしたら薄力粉を
ふりかけて混ぜ、粉っぽさがなくなったら、豆乳を少しずつ加えてよく混ぜる。
時々混ぜながら2～3分煮詰め、とろみがついたら塩、こしょうで味を調える。

3　耐熱の器ににんじんピラフをよそってクリームソースをかけ、溶けるチーズをのせ
200度のオーブンでチーズが溶けるまで焼く（5～10分くらいが目安）。

クリームソースには、きのこや
ブロッコリーを入れてもおいしいよ。
オーブンがなかったら
オーブントースターで焼いてもOK

きつねそぼろの三色弁当

目にも楽しい三色弁当。きつねそぼろには、しっとりした黄色い油揚げを選ぶのがポイント。
いつもよりちょっとお値段が高めかもしれませんが、上質な油で揚げてあるので
コクがあって油っぽくなく、油抜きの必要もないのでおすすめです。

材料（2人分）

きつねそぼろ

油揚げ……２枚
しょうゆ……大さじ１強
きび砂糖……大さじ１
酒……大さじ１
しょうがのしぼり汁
……小さじ１（約１かけ分）

ごはん……人数分

いり卵

卵……２個
きび砂糖……小さじ１
塩……ふたつまみ

大根葉和え

大根葉（かぶの葉でも）……10㎝くらい
かつおぶし……ふたつまみ
しょうゆ……少々

準備

・油揚げはなるべく細かくきざむ
（フードプロセッサーを使うと簡単）
・しょうがはすりおろしてしぼり汁を用意する
・かつおぶしは細かく手でちぎる

作り方

1 きつねそぼろを作る。
鍋にしょうゆ、きび砂糖、酒、きざんだ油揚げを加え、中火で２～３分いりつける。
ぱらりとして、アルコール分が飛べばOK。
仕上げにしょうがのしぼり汁を加え、さっと混ぜて火を止める。

2 いり卵を作る。
ボウルに卵、きび砂糖、塩を加えよく混ぜる。フライパンに卵を入れて弱火にかけ
おはし４本でたえず混ぜ、ぽろぽろになったら火を止める。

3 大根葉はよく洗い、塩少々（分量外）を入れた熱湯でさっとゆでる。
細かくきざんで水気をしぼり、かつおぶしとしょうゆ少々を加えて和える。
器にごはんをよそい、すべての具をのせる。

くるみ太巻き

故郷・新潟では、山くるみを甘辛く煮たものが混ぜごはんや煮物、そして太巻きにも欠かせず
くるみだけほじって食べるほどの大好物でした。滋味深いものが毎日ならぶ食卓が
今の食生活の根っこの部分に深く影響を与えているのだなあと感じます。

材料（約20㎝の太巻き４本分）

お米……２合
昆布（５㎝角）……１枚
すし酢……酢大さじ３、砂糖大さじ２、塩小さじ1.5
のり……４枚

きゅうり……１本
卵……卵２個、きび砂糖小さじ１、塩ひとつまみ
くるみ……くるみ40g、きび砂糖大さじ２、しょうゆ小さじ１、水大さじ１
えびそぼろ……むきえび10尾、砂糖小さじ１、塩ひとつまみ、酒小さじ２

準備

- お米は炊く30分以上前にといで鍋に入れ
  ２合分（360mℓ）の水につけておく

作り方

1　すし酢を作る。すし酢の材料を小鍋に入れて弱火にかけ
酢が飛ばないように軽くあたためて、砂糖、塩を溶かす。

2　すし飯を作る。お米の上に昆布をのせて強火にかけ、沸騰したらごく弱火にし
ふたをして12分炊く。火を止めて10分蒸らしたら、ごはんをボウルに移し
すし酢を加えて切るように混ぜ、粗熱がとれたらぬれ布巾をかけておく。

3　きゅうり……細長く４等分する。
卵……きび砂糖、塩を加えてよく混ぜて卵焼きを作り、細長く切る。
くるみ……粗くきざみ、フライパンにきび砂糖、しょうゆ、水を入れ
中火にかけて砂糖を溶かす。沸騰して、とろみがついたらくるみを加え
からめて冷ましておく。
むきえび……お湯でさっとゆでて細かくたたき（フードプロセッサーだと簡単）
調味料を加えて、中火で２～３分ぱらぱらになるまでいりつける。

4　まきす（またはラップ）の上にのりを置き、すし飯の¼量をのせ
向こう側を５㎝程度あけて平たくのばす。中心に具材をのせ
ごはんの終わりを目指してぎゅっと巻き込み、好みの大きさにカットする。
パン切り包丁を使ったり、ラップごと切ると上手に切れます。

玉ねぎハヤシライス

20代の頃は小さなアパートに住んでいて、お腹を空かせたともだちが遊びに来ると
簡単にできてお腹いっぱいになるハヤシライスを作ったものです。お金があんまりないから
玉ねぎをたくさん入れてかさ増ししていたけれど、逆にそれがおいしかったように思います。

材料（2人分）

玉ねぎ……1個
マッシュルーム……1パック
牛肉（薄切り）……100g
塩、こしょう……適宜
油……大さじ1
薄力粉……大さじ1

A
赤ワイン……50mℓ
水……150mℓ
みそ……大さじ½
ケチャップ……大さじ2
しょうゆ……大さじ1
きび砂糖……大さじ1

バター……1かけ
グリーンピース（缶詰など、ゆでてあるもの）
……適宜
ごはん……人数分

準備

- 玉ねぎは縦半分に切って
  繊維と直角に1cm幅に切る（図①）
- マッシュルームは半分に切る
- 牛肉は一口大に切って、塩、こしょうする

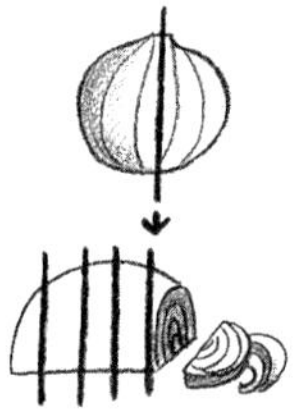

図①

作り方

1 鍋に油を熱し、中火で玉ねぎを炒め、しんなりしてきたら
マッシュルーム、牛肉を加え、牛肉の色が変わるまで炒める。

2 薄力粉をふり入れ、粉っぽさがなくなるまで炒めたら一度火を止め
Aをすべて加える。再び火をつけて時々混ぜながら、弱火で10分ほど煮込む。

3 仕上げにバター1かけを加え、酸味が強ければ、牛乳や豆乳を少々（分量外）加える。
ごはんとともにお皿に盛り、グリーンピースを飾る。

とうふとナスのドライカレー

お店の手間隙かけたカレーも好きだけど、家で食べるなら、やっぱりささっと作りたい。
しっとりした豆腐が、とろんと焼けたナスやスパイスのまとめ役。
豆腐の食感が引き出されるので、カレーは冷ましてごはんは熱々で食べるのがお気に入りです。

材料（2人分）

木綿豆腐……１丁
ナス……２本
玉ねぎ……½個
にんにく……１かけ
赤とうがらし……½本
油……大さじ３
A カレー粉……大さじ１
A ケチャップ……大さじ２
A みそ……小さじ１
塩……適宜

ごはん……好みの量

準備

・豆腐は水切りしておく
・ナスは一口大に切って
　塩少々（分量外）を入れた水に
　２～３分さらして、水気をよく切る
・玉ねぎ、にんにくはみじん切りにする

作り方

1 鍋に油大さじ２杯分を熱し、中火でナスを炒める。
あまりいじらず焼き色をつけるようにして火を通し、お皿にとる。

2 同じ鍋に油大さじ１杯分を足して、玉ねぎとにんにく、赤とうがらしを加え
うすくきつね色になるまで10分ほど炒める。

3 一度火を止め、Aを加え全体によくなじませたら
豆腐を手でくずしながら加え混ぜる。
弱火にかけ、時々混ぜながら５分ほど火を通し、ナスを加え、塩で味を調える。

ごはんのおとも

食べなきゃいけない食材がたくさんあったり、冷蔵庫がぱんぱんになったりしていると
プレッシャーを感じてしまうので、あまり作り置きはしないたちです。
とはいえ日もちのするごはんのおともが冷蔵庫に１つあったら、ちょっと心強い。
結局、おいしさに負けてすぐに食べきってしまうのですが……。

たまごみそ

小さいころ、母にしょっちゅうねだって作ってもらった、卵の入った甘みそ。
お家のみそによって塩気が違うので、好みの甘さに調節してくださいね。

材料（作りやすい分量）

卵……2個
A みそ……大さじ2
A きび砂糖……大さじ3
A 酒……大さじ2

作り方

1 鍋にAを入れ中火にかけ
へらで混ぜながら砂糖を溶かす。

2 ふつふつ沸騰してきたら溶き卵を加え
へらで絶えず混ぜながら2～3分煮詰める。

韓国ひじき

ごま油をきかせて、甘辛く煮たひじきです。
炊いたごはんに混ぜ込んでも、おはしが止まりません。

材料（作りやすい分量）

ひじき……1袋（約30g）
A しょうゆ……大さじ2
A みりん……大さじ2
A きび砂糖……大さじ1
ごま油……小さじ1
白ごま……大さじ1

作り方

1 ひじきはたっぷりの水にひたしてもどし
ざるにとってよく洗い水気を切る。

2 鍋にひじきとAを入れ、強めの中火で
水分がなくなるまで5分ほどいりつける。
ごま油、白ごまを加え、さっと混ぜる。

切り干し大根のアラビアータ

だしで煮ることが多い切り干し大根も、トマト味にすると新鮮なおいしさです。
ポリポリしてお酒のおつまみにもぴったり。しっかり水分を飛ばすと日もちします。

材料（作りやすい分量）

切り干し大根……1袋（約50g）
トマト水煮缶……1缶（400g）
にんにく……½かけ
A オリーブオイル……大さじ1
A 赤とうがらし……½本
A しょうゆ……大さじ1
塩……適宜

作り方

1 切り干し大根は、全体がかぶるくらいの
水につけて、かためにもどす（10～15分位）。

2 鍋にトマトを入れてフォークの背などでつぶし
包丁の背でつぶしたにんにく、
水気を切った切り干し大根とAを加えざっと混ぜ
中火で水分がなくなるまで煮る。
塩で味を調える。

なめたけ

家で作った方が断然おトクでしかもおいしい。
たくさん作ってともだちにおすそわけすると喜ばれるかも。

材料（作りやすい分量）

えのき……2束
しょうゆ……大さじ1.5
みりん……大さじ2

作り方

1 えのきは3㎝の長さに切る。

2 鍋にすべての材料を入れ、ふたをして中火にし沸騰したらふたを取って、さらに3分ほど煮る。

おまけのふりかけ

めんつゆ作りに使った素材を再利用。プロセスチーズの角切りをちょっと混ぜて、おにぎりにしてもおいしいんです。

材料（作りやすい分量）

かつおぶしと昆布
（p.50のめんつゆ作りでだしをとった後のもの）

じゃこ……大さじ1
白ごま……小さじ1

作り方

1 かつおぶし、昆布を細かくきざむ。
（フードプロセッサーを使うと便利）
鍋に入れ、弱火でからからになるまで
3～5分いりつける。

2 冷めたらじゃこ、白ごまを加えて混ぜる。

やわらかこんぶ

日々のだしをとるのに使った昆布も、お酢で煮るとぐっとやわらかに。
これが食卓にのぼると、ちょっとうれしい。

材料（作りやすい分量）

昆布（だしをとった後のもの）
……細切りにして
お茶碗1杯分くらい
酢……大さじ1
しょうゆ……大さじ1
みりん……大さじ1
水……200㎖～

作り方

1 鍋にすべての材料を入れ、弱めの中火にかける。
昆布がやわらかくなって水分がなくなるまで煮る。

だし昆布は冷凍でストックして
おいて、お茶碗1杯分くらい
たまってから作るといいですよ

お米と鍋炊きの話

「まだ米、あるの？　送ろうか？」――小さい頃からとにかくお米が大好きで、おかずはちょっぴりで十分。そんなわたしの米好きを知っている新潟の両親は、いつもなくなった頃合いを見て電話をくれます。お米のことに始まって近況を報告し合うのがお決まりで、この習慣は、上京して20年経った今も変わりません。きっとなかなか連絡してこないわたしのことを、心配してくれてもいるのでしょう。

わが家には炊飯器がなく、そうやって送ってもらったお米は、もっぱら鍋炊きです。鍋で炊いているというと、同世代だけでなく、年輩の人からも「むずかしくないの？」と聞かれたりしますが、実はすごく簡単だし短時間で炊けるので、忙しかったり、時間がなかったりする時には、より向いている調理法かもしれません。

まずはお米の入った鍋を火にかけて簡単なおかずをひとつふたつ作り出す。炊き込みごはんやおこわなら、それ一品でも十分に満足。そんな風に、気軽に鍋炊きのごはんを始めてもらえたらな、と思います。

あっという間の めん

調理時間が短くてすむので、気楽にとりかかれるのがめん料理のよいところ。そば、パスタ、うどん、そうめん……温かくしても冷たくしても、食べ方さまざまのめん道楽。

まかないのペンネ

昔、はじめて「まかない」として食べたのがこのパスタ。何もないからトマトだけね
と先輩シェフは笑っていたけれど、その「トマトだけ」がこんなにおいしいなんて。
足していくのではなく、引いていくこと。それぞれ、おいしい素材を選ぶことが一番のポイントです。

材料（2人分）

トマト水煮缶……１缶（400ｇ）
にんにく……１かけ
A ［赤とうがらし……½本
オリーブオイル……大さじ２
塩……小さじ½］
こしょう……適宜
ペンネ……160ｇ
パルメザンチーズ（すりおろしたもの）……適宜

準備

・にんにくはすりおろしておく
・鍋にペンネをゆでるお湯を沸かしておく

作り方

1 鍋にトマトを入れ、フォークの背などでつぶし（わたしは手でぐちゃっとします）
にんにく、Aを加え中火にかける。
時々混ぜながら沸騰して半分くらいの量になるまで、５〜７分ほど煮詰める。
水分が少なくなり、トロリとした感じになればOK。こしょうを挽く。

2 塩（分量外。お湯２ℓに対して塩大さじ１くらい）を入れたお湯で
袋の表示通りペンネをゆで
ゆで上がる直前に再度トマトソースをあたため、ペンネを加える。
さっとからめてお皿に盛り、好みでチーズをふる。

もしトマトソースが
酸っぱかったら
お砂糖をひとつまみ
加えてみよう

グリーンカレーそうめん

タイのココナツカレーが大好きで、いつも買っていたカレーペーストを「自分でも作れないかな」と思ったのがきっかけでした。日本で手に入りやすい香味野菜を使って、塩気や辛さも好みの味に。ココナツミルクたっぷりのマイルドな味が、めんにからんでとっても合うんです。

材料（2人分）

グリーンペースト

A
- にんにく、しょうが……各1かけ
- 青とうがらし（生）……1パック（約10本）
- 香菜《シャンツァイ》……2束
- バジル……10枚

みそ……小さじ1
きび砂糖……小さじ1
塩……小さじ½
オリーブオイル……大さじ2

ホタテ（刺身用）……3個
ししとう……3本

水……1カップ
ココナツミルク……1缶（400㎖）
ナンプラー……大さじ1
レモン汁……大さじ1（約½個分）
塩……適宜
うどん（稲庭など細めのもの）……好みの量

準備

- ホタテは2等分する
- ししとうはへたを取って小口切りにする
- 鍋にめんをゆでるお湯を沸かしておく
- グリーンペーストの材料Aをあらみじんにする

作り方

1 グリーンペーストの材料をすべて、フードプロセッサーやすり鉢でペースト状にする。

2 鍋にペーストを入れ、弱火で香りが出るまで熱し
ホタテとししとうを加え、さっと炒める。

3 水を加えて中火にし、沸騰したらアクを取る。ココナツミルク、ナンプラーを加え
具材に火が通るまでさっと煮て（長時間煮込まない）、レモン汁を加える。
塩で味を調える。

4 うどんを袋の表示通りにゆでて水気を切り、汁につけながら食べる。

具はきのこ、ナス、ツナなど
お好みで何でも。
もちろんごはんにも合うねぇ

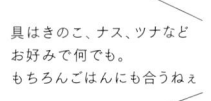

みょうがのそうめんチャンプル

「みょうが、好きじゃない」「薬味としてしか使わない」というともだちが多いのですが
すごーくもったいない！　実はみょうがと油は相性がよく、さっと加熱して食べると
とってもおいしいのです。多くは語りません。まずは作って食べてみてください。

材料（1人分）

みょうが……3個
太白ごま油……大さじ1
そうめん（今回は太めのめんを使用）
……80g
白だし（もしくは3倍濃縮のめんつゆ）
……大さじ½
塩、こしょう……適宜

準備

・みょうがは縦半分にして薄くスライスする
・鍋にめんをゆでるお湯を沸かしておく

作り方

1　フライパンに太白ごま油を強火で熱し、みょうがをしんなりするまで
1分ほど炒め、軽く塩をして火を止めておく。

2　そうめんを袋の表示通りにゆでて水気をしっかり切ったら
1のフライパンに加えて中火にし、白だしを加えてさっと和える。
長く炒めるとねばりが出てめんがくっつくので、あたためる程度に。
味をみて、塩、こしょうをする。

ゆで上がったそうめんは
ざるの上でぎゅっと押して
しっかり水気を切ると
味がぼやけないよ

ベトナム風サラダめん

かつてベトナム料理店で働いていた頃に大好きだった味。
本場では「ブン」という米のめんを使いますが、わたしはいつも、よく似ているそうめんで代用します。
玉ねぎは生に近い状態で、炒めすぎずしゃきしゃきに仕上げるのがおいしさのポイントです。

材料（2人分）

牛肉（薄切り）……100g

A
- ナンプラー……小さじ1
- きび砂糖……小さじ1

たれ

- ナンプラー……大さじ2
- きび砂糖……大さじ1.5
- 赤とうがらし……½本
- にんにく……½かけ
- 熱湯……100㎖

レモン汁……大さじ1（約½個分）

玉ねぎ……½個
油……大さじ1

きゅうり……½本
万能ねぎ……4本
香菜《シャンツァイ》……適宜
そうめん……160g

準備

- 牛肉は一口大に切って、Aをよくもみこんでおく
- 赤とうがらしは輪切り、にんにくはみじん切りにし
  たれの材料をよく混ぜて
  冷めたらレモン汁を加えておく
- 万能ねぎは小口切り、きゅうりは食べやすく千切り
  香菜はざく切りにする
- 玉ねぎは繊維と直角に1㎝幅に切る

作り方

1　そうめんは袋の表示通りにゆでて水気を切って器に盛り、きゅうりをのせる。

2　フライパンに油を強火で熱し、玉ねぎを炒める。
油がまわったら牛肉を加え、色が変わるまでさっと炒める。

3　**2**を肉汁ごとそうめんにかけ、万能ねぎ、香菜をのせる。
食べる時にたれを好みの量かけ、よく混ぜる。

細めのうどんと
食べてもおいしいよ

酒粕《さけかす》うどん

材料（2人分）

ごぼう……20㎝（約½本分）
豚ばらスライス……100g
酒……大さじ1
水……600mℓ～
酒粕……100g
めんつゆ（p.50で紹介したもの）
……150mℓ
冷凍うどん……2玉
万能ねぎ……たっぷり

準備

- 万能ねぎは小口切りに
  豚ばらは1㎝幅に切り
  ごぼうはささがきにして
  水にさっとさらす

作り方

1 鍋にごぼうと豚肉を入れ、酒をふり入れ
強火でお肉の色が変わるまでいりつける。

2 水を加え中火にかけ、沸騰したらアクを取り
火を少し弱め、ごぼうがやわらかくなるまで煮る。
（煮ている間に水分が少なくなったら
適宜、水を加える）
ここで少量の煮汁を器にとりわけ
ちぎった酒粕を加え、なじませて溶かしておく。
（多少固まりが残っていても
煮ているうちに自然に溶けるので大丈夫）

3 めんつゆ、酒粕を加えて味をみて
沸騰したら凍ったままのうどんを加え
ほぐれて再び沸騰するまであたためる。
火を止める直前に、ねぎをたっぷり加える。

卵とじうどん

心と体にじんとしみ入るおだやかなうどん。元気のない時も風邪の時にも卵とじうどんを食べてふとんに入ったなら、なんだかすこし楽になります。おとなりの酒粕うどんはとろりと濃厚でコクがあって、どんな野菜も包み込んでくれるのです。これは日本が誇るクリームシチュウかも。

材料（1人分）

うどん（乾めんでも冷凍でも）
　……80g
めんつゆ（p.50で紹介したもの）
　……60㎖
水……240㎖～
水溶き葛粉
　……葛粉小さじ1、水大さじ1
卵……1個
しょうがのしぼり汁
　……小さじ1（約1かけ分）

準備

・しょうがはすりおろして
　しぼり汁を用意する

作り方

1 うどんを袋の表示通りにゆでて、水でしめる。

2 鍋にめんつゆと水を入れ
好みの濃さに調整して中火にかける。
沸騰したら弱火にしてうどんを加え
再びふつふつ沸いてきたら
水溶き葛粉でとろみをつける。

3 溶き卵をまわしかけて火を通し
しょうがのしぼり汁を加えて火を止める。

市販のめんつゆを使うなら
おいしいと感じる濃さに
調整してからね

ぜいたく冷やし中華

お店で食べる具だくさんな冷やし中華も好きですが、自分で作る時には具材はごくシンプルに。
その代わり、中華だれはちょっといい材料で手間をかけてぜいたくに作ります。
アボカドのコクとトマトの酸味がたれになじんで、さっぱり味で大満足。

材料（2人分）

中華だれ

A
- 干し貝柱……1個
- 干しえび……大さじ1
- しょうが、にんにく……各1かけ
- 赤とうがらし……½本

ごま油……大さじ1

B
- オイスターソース……大さじ⅔
- しょうゆ……小さじ1
- みそ……小さじ½
- きび砂糖……大さじ1

酢……大さじ1
トマト（中）……2個
アボカド……1個
中華めん……2玉

準備

- 鍋にめんをゆでるお湯を沸かしておく
- 干し貝柱と干しえびは、50㎖のお湯に30分以上つけてもどし、細かくきざんでもどし汁はとっておく
- しょうが、にんにく、赤とうがらしはみじん切りにトマトとアボカドは食べやすい大きさにざく切りにする

作り方

1 中華だれを作る。フライパンにごま油を熱し、弱めの中火でAを炒める。
よい香りがしてからさらに2～3分炒め
Bともどし汁を加え、よく混ぜながら2～3分煮詰めて冷ましておく。

2 **1**に酢、トマトを加えてざっくり混ぜながらよくなじませ
アボカドも加え、さっと混ぜる。

3 中華めんを袋の表示通りにゆで、冷水でよく洗い水気をしっかり切る。
お皿にめんを盛ったら**2**を上からかけ、よく混ぜて食べる。

中華だれは冷蔵庫で1週間位もつし
炒めものやチャーハン、焼きそばとか
いろいろ使えるんだよ！

うどんのフォー

料理の勉強で訪ねたベトナムでは、おとなも学生も屋台の小さないすに腰かけて、朝ごはんのフォーをすすっていました。日本人にもなじみ深いやさしい味のめんが、一気にベトナムの存在を近くしてくれたような気がします。ひき肉で手軽にだしをとって、朝に晩に、いつでも食べたい一杯です。

材料（2人分）

とりひき肉……100g
水……600㎖
しょうが……1かけ
玉ねぎ……¼個
酒……大さじ2
ナンプラー……大さじ1.5
塩……適宜
うどん（稲庭など細めの乾めん）
……160g

トッピング

大葉……6枚
万能ねぎ……5本
赤とうがらし……½本
レモン……¼個

準備

・鍋にめんをゆでるお湯を沸かしておく
・しょうがは薄切り、玉ねぎは繊維と直角に薄切り
　万能ねぎは小口切りにする
・大葉は大きくちぎる
・赤とうがらしは輪切りにし、レモンは半分に切る

作り方

1　鍋にとりひき肉と水を入れお肉をほぐし、しょうがを加え強火にかける。
沸騰したらアクを取り、酒とナンプラーを加え、弱火にして10分ほど煮る。
味をみて塩を加える。火を止める直前に玉ねぎを加える。

2　うどんを袋の表示通りにゆでて冷水にとり、水気をしっかり切ったら
スープに入れてあたため、器によそう。
大葉、万能ねぎ、赤とうがらしをのせ、食べる時にレモンをしぼる。

そばペペ

たまたまそばで作ってみて以来、やみつきになったペペロンチーノ。コシのあるおそばはアルデンテのパスタに通じるところがあって、油とも相性がいいんです。最後に和える時にはめんのねばりが出ないように、強火でさっとあたためる程度に火を通すのがコツ。

材料（2人分）
にんにく……１かけ
赤とうがらし……½本
オリーブオイル……大さじ２

そば……160ｇ
水菜……１束

めんつゆ（p.50で紹介したもの）
……大さじ１
塩、こしょう……適宜

準備
・鍋にそばをゆでるお湯を沸かしておく
・水菜は洗って５㎝くらいのざく切りにする
・にんにくはつぶしておく

作り方

1　フライパンにオリーブオイルをひき、にんにく、赤とうがらしを入れ弱火にかける。十分ににんにくの香りが出たら火を止めておく。

2　そばを袋の表示通りにゆでて冷水にとったら、水菜をしっかり切る。

3　**1**のフライパンを再びあたため、そば、水菜、めんつゆを加えさっと和える。塩、こしょうで味を調える。

そば三昧《ざんまい》

朝昼晩、いつでも食べたいくらいにそばが大好きです。
外で「とびきりおいしいおそばを上品に」というのもいいけれど、量が少ない！
好きなだけ好きなように食べられるのが、家のおそばのいいところ。
（調子にのってどっさり余った時は、次のごはんは「そばぺぺ」に！）

たたきオクラと梅

ねばねばが美味しいオクラは、たたくとめんにからみやすくなります。
梅はあまり甘くない肉厚なものを選ぶといいですよ。

材料（2人分）

オクラ……10本
梅干し（あまり甘くない肉厚なもの）
……1個
めんつゆ（下で紹介したもの）
……100㎖
水……150㎖～
塩……適宜

作り方

1 オクラは塩をふって板ずりし
塩をひとつまみ加えた熱湯でさっとゆでる。

2 種を取った梅、オクラを
包丁で細かくなるまでたたき
めんつゆと水を加え、好みの濃さにする。

そば……人数分
そばは袋の表示通りにゆで、冷水にとって、水気をしっかり切る。

基本のめんつゆの作り方

材料（約250㎖分）

みりん……50㎖
しょうゆ……100㎖
水……200㎖
きび砂糖……大さじ2
かつおぶし……ひとつかみ
昆布5㎝角……1枚

作り方

1 材料すべてを小鍋に入れ中火で煮立て
沸騰したら弱火にして3分ほど煮る。

2 冷めたらこす。清潔な瓶に入れて
冷蔵庫で5日間ほど保存可能。

めんつゆは、この本の
いろんなめんに使えるんだよ。
かつおぶしと昆布はふりかけに活用！

きのこの温つゆ

だしを使わずに、きのこから出る旨味を生かしたつゆは食べ応えも十分。
ちょっとお疲れ気味の時にもほっとあたたまっておすすめです。

材料（2人分）

きのこ（しいたけ、えのき、まいたけ）
……各1パック
A 酒……大さじ2
A しょうゆ……大さじ3
A みりん……大さじ2
水……500mℓ
みつば……好みの量

作り方

1 みつばはざく切りにする。
きのこはできるだけ細かくみじん切りにする。
（フードプロセッサーがあると簡単）

2 鍋にきのことAを入れ中火でいりつけ
きのこがしんなりして沸騰してきたら水を注ぐ。
再び沸騰したらアクを取り5分ほど煮て
器に盛ってみつばをのせる。

くるみだれ

くるみは流水でさっと洗うことで、しぶみが抜けて上品な味に。
うどんにもよく合う、濃厚だれです。

材料（2人分）

くるみ……100g
めんつゆ（右ページで紹介したもの）
……120mℓ
水……150mℓ～

作り方

1 くるみはざるに入れてさっと流水で洗う。

2 すり鉢やフードプロセッサーにかけ
細かくなってきたらめんつゆを少しずつ加え
ペースト状にする。
水を加えて好みの濃さにする。

めんとパンの話

いつもは食材の買い置きのすくないわが家ですが、スーパーでおいしそうな乾めんを見つけたら買わずにいられません。ジャケ買いならぬパッケージ買いをすることもしばしばで、それが意外と当たりだったり。実はわたしよりも夫の方がめん料理上手なので、ふたり揃ったお昼ごはんなどには、よく作ってもらっています。

　でもごはんやめんばかり食べているとやっぱり「あーっ、パンが食べたい！」と思うこともあります（わたしだけ?!）。そんなきまぐれパン生活だし、朝はごく軽めにコーヒーといっしょに仕事で作ったお菓子の味見をする程度だし、思い立って食パンやバゲットを買っても、余らせてしまったり固くしてしまったりすることもしょっちゅうです。すると、パンはフレンチトーストになったり、サンドイッチになったりします。

　甘くてもしょっぱくてもいいパンのごはんはちょっとだけ手間はかかるけれど、わたしにとって、お米やめんよりもっと自由な感じのするごはんなのです。

やっぱり大好きな

パンと粉もの

しょっぱくても甘くてもいいパンや粉ものごはんは、ちょっとおやつに近い存在。ごはんとして心満たされながらも、わくわく楽しくなる魅力もあるような気がしています。

バインミー

バインミーはベトナムの屋台でよく見かける、バゲット（フランスパン）を使ったサンドイッチ。
バターとなますとチャーシュー、3つの味が合わさって、なぜか懐かしさを感じる味なのです。
実は今でも、バインミー屋になりたいと思っているくらい、大好きなサンドイッチです。

材料（1人分）

バゲット……15cm

焼豚……２枚
大葉……２枚
きゅうり（スライス）
……２枚
香菜《シャンツァイ》……適宜
バター、ナンプラー……適宜

なます（作りやすい量）
大根……5cm
にんじん……5cm
塩……ひとつまみ
A きび砂糖……大さじ1
A 酢……大さじ2
A 水……大さじ1
ナンプラー……小さじ1

作り方

1 なますを作る。大根とにんじんを千切りにしてボウルに入れて塩をふり
軽くもんで10分ほどおいて水気をしぼる。

2 Aを鍋にかけ、あたためる程度に弱火で砂糖を溶かし、ナンプラーとともに
1に加え、1時間以上漬けこむ（すぐに食べるなら手でもみこむ）。
※なますは冷蔵庫で２～３日保存可能。

3 バゲットはオーブントースターなどで軽くあたため、脇に切れ目を入れて
バターをぬる。大葉、きゅうりのスライス、焼豚、なます、香菜をはさみ
最後に上からナンプラーをふる（焼豚のたれをかけても）。

かんたん焼豚の作り方

材料

豚肩ロース（焼豚用）……500g
しょうがスライス……1かけ分
長ねぎの青いところ……1本分

A ナンプラー……大さじ1、きび砂糖……大さじ2
A しょうゆ……大さじ2、はちみつ……大さじ1
A 酒大さじ……3、水……150mℓ

作り方

1 圧力鍋に少量の油（分量外）をひき
豚肉を強火で焼き、全面に焼き色をつける。

2 一度火を止め、しょうが、ねぎ、Aを加え混ぜ
ふたをして強火にする。圧がかかったら弱火にして
15分加熱する。冷めたらふたを取り
真ん中に竹串を刺して透明な肉汁が出てくればOK。

3 煮汁にとろみがつくまで煮詰め、冷めてからスライスする。

フレンチトースト

パンにたっぷり卵液をすわせたら、あわてずじっくり焼き色をつけて。
子どもの頃から親しんできた味も、きちんとポイントを押さえて作ると「やっぱりおいしいなあ」と思います。この時ばかりは惜しみなくメイプルシロップをかけるのもお忘れなく。

材料（2人分）

食パン（4枚切り）……1枚
A
- 卵……1個
- 牛乳（または豆乳）……100㎖
- きび砂糖……大さじ2

メイプルシロップ……適宜
バター……適宜

ベーコン……4枚

作り方

1 Aをよく混ぜてバットなどに入れ、4等分にした食パンを、重ならないよう並べる。途中で裏返し、卵液をすっかり吸い込むまで1時間以上置く。

2 フライパンでベーコンをカリカリに焼いて、お皿にとっておく。

3 一度フライパンの油をふきとってバターを入れ、弱めの中火でパンをじっくり焼く。片面に焼き色がついたら裏返してふたをして、焼き色がつくまで焼く。ふんわり仕上げるには、へらでぎゅっと押さえつけないのもポイント。お皿にとり、メイプルシロップをかける。

ホットドッグセット

小さい頃に父と一緒に競馬場へ行っては、買ってもらったのがホットドッグ。
ケチャップは好きだけどマスタードは辛くて苦手でした。今作る自家製ケチャップは、
好みの味にできてますますうれしい。ちょっと大人っぽい味になるところがお気に入りです。

材料（2人分）

ソーセージ……2本
ホットドッグ用のパン……2個
きゅうりのピクルス……2個
マスタード……小さじ2
ケチャップ……好みの量

準備

・ピクルスをきざんでおく

作り方

1　パンをオーブントースターなどであたためて
真ん中に切れ目を入れマスタードをぬる。

2　ソーセージを焼く。ソーセージとケチャップ、ピクルスをパンにはさみ
好みでじゃがいものローストを添える。

自家製ケチャップの作り方

材料（作りやすい分量）

A
トマト水煮缶……1缶（400g）
玉ねぎ……¼個
にんにく……¼かけ

B
ローリエ……1枚
塩……小さじ1弱
きび砂糖……大さじ1

しょうゆ……小さじ½
酢……小さじ1

作り方

1　Aをフードプロセッサーかミキサーに入れ
なめらかになるまで回す。

2　鍋に**1**とBを入れて中火にかけ
水分を飛ばしながら煮詰めていく。
10分ほど煮て水分が少なくなり、ぺたぺたしてきたら
しょうゆ、酢を加えてさっと火を通す。
塩（分量外）で味を調える。冷蔵庫で5日ほど保存可能。

じゃがいものローストの作り方

材料（作りやすい分量）

じゃがいも……2個
塩……ふたつまみ
こしょう……少々
オリーブオイル……大さじ1
にんにく……1かけ

準備

・オーブンを180度にあたためておく

作り方

1　じゃがいもはよく洗い、皮つきのまま一口大に切る。

2　ボウルにじゃがいも、塩、こしょう、オリーブオイル
つぶしたにんにくを加え、手でさっくり混ぜる。
耐熱のバットに移し、180度のオーブンで20分焼く。

てりやきベジバーガー

野菜や豆でできたパテをてりやきソースにたっぷりからめたハンバーガー。
材料は多そうに見えますが、手順はとてもシンプル。パテとたっぷりの野菜に
メリハリのある味つけで食べごたえがあって、お腹も気もちも大満足のハンバーガーです。

材料（1個分）

たれ

- しょうゆ……大さじ1
- みりん……大さじ1
- 砂糖……大さじ1
- 水……大さじ1
- にんにくのすりおろし……少々

ハンバーガー用のパン……1個
レタス……1枚
きゅうり（スライスしたもの）……2枚
アボカド（スライスしたもの）……¼個分
トマト（1cm厚さにスライスしたもの）……1枚
マヨネーズ……大さじ1

パテ

※作りやすい分量として3枚分

- 玉ねぎ……¼個
- まいたけ……½パック
- パン粉……½カップ
- ひよこ豆（ゆでたもの）……½カップ（約80g）
- A
  - 薄力粉……大さじ1.5
  - 塩……小さじ¼
  - こしょう、ナツメグ……少々
- 油……大さじ1½

準備

・玉ねぎ、まいたけはみじん切りにし、ひよこ豆はすり鉢やフードプロセッサーで細かくつぶす

作り方

1　パテを作る。フライパンに油のうち大さじ½を中火で熱し
みじん切りにした玉ねぎとまいたけをしんなりするまで2～3分炒め、冷ましておく。

2　ボウルに**1**とパン粉、つぶしたひよこ豆、Aを入れ、よく練り混ぜる。
3等分して手のひら大のハンバーグ形にする。

3　フライパンに残りの油大さじ1をひき、中火でパテの表面に焼き色をつけ
裏返したら弱火にしてふたをする。5～7分焼いて取り出す。
そのままフライパンにたれの材料を加え
煮詰まってとろみが出てきたらパテを戻してからめる。

4　パンにレタス、きゅうり、パテ、マヨネーズ、アボカド
トマトの順にのせサンドする。好みでピクルスを添える。

余ったパテは
ラップに包んで冷凍保存。
自然解凍してフライパンで
あっためます

小松菜のしょっぱいケーキ

「どんな味？」と聞かれたら、「型に入れて焼いたお好み焼き」かな？
おしゃれなおつまみというよりは、庶民派な味。熱々が落ち着いた「冷めたて」が食べごろ。
今回は小松菜のレシピですが、一年中、色々な野菜で楽しめますよ。

材料（18㎝のパウンド型１台分）

卵……２個
太白ごま油……50㎖
牛乳（または豆乳）……80㎖

具材

玉ねぎ……½個
小松菜
……½わ（ゆでた状態で100～120g）
ベーコンスライス……２枚

A
薄力粉……100g
ベーキングパウダー……小さじ１
塩……小さじ¼
粉チーズ……40g
こしょう……少々

準備

・パウンド型にオーブンシートをしいておく
・オーブンを180度にあたためておく
・玉ねぎはみじん切りにする
・小松菜は固めにゆでてみじん切りに
ベーコンは1㎝幅に切る

作り方

1　フライパンに油大さじ½（分量外）を中火で熱し、みじん切りの玉ねぎをしんなりするまで５分ほど炒め、粗熱をとる。

2　ボウルに卵を割り入れ、泡立て器で軽くほぐす。油、牛乳を加えてよく混ぜる。

3　**2**にみじん切りにした小松菜、炒めた玉ねぎを加えさっと混ぜたらAを合わせたものをふるい入れる。ゴムべらに持ち替えて練らないようにさっくり混ぜ、まだ粉気が残っているところでベーコンを加えさっと混ぜる。

4　パウンド型に流し入れ、180度のオーブンで35分焼く。真ん中に竹串を刺して、べたべたした生地がついてこなければ焼き上がり。

小松菜の代わりは、ブロッコリーや
カリフラワーなら生のまま粗めにきざんで
プチトマトなら４等分くらいに。
どれも水気を切って100gくらいだね

じゃがいもタルト

仕事中にお腹が減った時には、粉を使ったまかないを作ります。
クッキーと同じ材料でささっとタルト生地を用意したら、ありあわせの野菜をのせて焼くだけです。
タルト型がなくても、耐熱の皿などで代用できますよ。

材料（15㎝のタルト型１台分）

タルト生地

A
- 薄力粉……80g
- 全粒粉……20g
- きび砂糖……大さじ２
- 塩……ひとつまみ

油……大さじ2.5
水……大さじ１〜

じゃがいもフィリング

じゃがいも……２個

B
- 油……大さじ１
- 豆乳（牛乳でも）……50㎖〜
- 塩、こしょう……適宜

グリーンピース（ゆでたもの）……約100g
※きのこ、青菜などをゆでて
食べやすく切ったものを同量程度でも

溶けるチーズ……適宜

準備

・オーブンを170度にあたためておく

作り方

1　タルト生地を作る。
ボウルにAを入れ手でふんわり全体を混ぜ、油を入れて両手ですり混ぜ
大きな固まりがなくなったら水を加えて練らないようにひとまとめにする。

2　ラップをしいて生地を４㎜厚さにのばし、ラップの下に手を入れ
さかさにしてタルト型に敷きつめ（図①）
ラップをはいだらフォークで生地に空気穴をあける。
170度のオーブンで30分焼き、型にはめたまま冷ましておく。

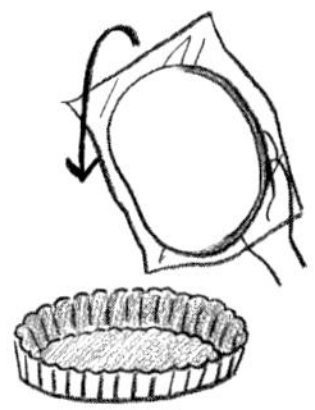
図①

3　じゃがいもは皮をむいて一口大に切り、かぶるくらいの水で
やわらかくなるまで煮てつぶす。油、豆乳を加え
塩、こしょうで味を調える。グリーンピースを加えて混ぜる。

4　**3**をタルト生地に流し、溶けるチーズをのせ
200度のオーブンでチーズが溶けるまで焼く。
（５〜10分ぐらいが目安）
オーブントースターでもOK。

じゃがいもフィリングは冷めると
固くなるから、豆乳で調節しながら
マッシュポテトぐらいのゆるさに

なまけものピザ

お菓子作りは好きなのに、パン作りはめっぽう苦手。なぜかなあと考えると
「せっかちなので発酵の時間が待ちきれない」、「こねるのが面倒」だから。
そんな自分の弱点を逆手に取って、こねずに放っておけるピザ生地を作るようになりました。
多少へなちょこ生地でも焼けば何とかなるので、まずは気楽に、週末にでも焼いてみませんか？

作り方

1 ピザ生地を作る。
ボウルに強力粉、きび砂糖、塩、ドライイーストを入れ
お米をとぐように手でぐるぐるっと混ぜる。オリーブオイル、ぬるま湯を加えたら
ゴムべらで手早く切り混ぜて全体に水分を行き渡らせ
ぎゅっと押し付けるようにして生地をまとめる。
（この段階では粉っぽさもある状態。しっとりまとまらなくても大丈夫）

2 ボウルにラップをして10分休ませ
取り出してしっとりなめらかになるまで３分こねる。
（10分以上休ませると発酵が進み、ベタベタしてこねづらくなるので要注意）

3 ビニール袋に入れて口をしばり（図①）
冷蔵庫の野菜室や卵コーナーなど
温度が高めの場所に10時間～半日置く。
1.5～２倍の大きさになればOK。
（ピザ生地は、多少ふくらみが悪かったり
逆にちょっとくらいふくらみ過ぎても大丈夫）

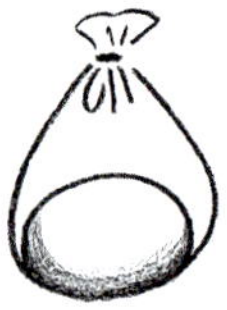

図①

4 オーブンを250度にあたためる。
3 を室温で30分ほど休ませる。
生地を軽くつぶして２等分して丸め、生地が透けない程度（厚さ3㎜くらい）に
うすくのばして、好きな具材をトッピングする。
（しらす＆ジェノベーゼの場合は、ジェノベーゼソースを全体にぬって焼き
あとでしらすをトッピングする）

5 オーブンシートの上にのせ、250度のオーブンで10分ほど焼く。

材料（直径30㎝ 2枚分）

ピザ生地

- 強力粉……200g
- きび砂糖……小さじ1
- 塩……小さじ⅔（4g）
- ドライイースト……小さじ½（2g）
- オリーブオイル……大さじ½
- ぬるま湯（人肌くらい）……130㎖

具材（トマト＆モッツァレラ）

- トマトソース（p.32「まかないのペンネ」のソースと同様に作ったもの）……適宜
- モッツァレラチーズ……適宜

具材（しらす＆ジェノベーゼ）

- しらす……適宜
- ジェノベーゼソース（以下の材料を合わせてフードプロセッサーでペースト状にしたもの）……適宜
  - バジル……1パック
  - オリーブオイル……100㎖
  - にんにく……¼かけ
  - パルメザンチーズ……大さじ1
  - くるみ……3かけ
  - 塩……ふたつまみ

具材は好みのものでOK。
生地は朝作って夜食べるとか
夜作って翌日とか。
ひとやすみひとやすみ……

中華まん

材料（2個分）

薄力粉……120ｇ
ベーキングパウダー……小さじ½
きび砂糖……大さじ1
水……60～70mℓ

具

とりひき肉……100ｇ
むきえび、うずら卵（缶詰）、
ゆでたけのこ……好みの量

A
長ねぎ……5cm
しょうゆ……小さじ1
酒……小さじ1
オイスターソース……小さじ1
片栗粉……小さじ1
しょうがのしぼり汁
……小さじ½（約½かけ分）

準備

・蒸し器のふたに布巾をかませ、お湯を沸かしておく
・長ねぎはみじん切りにし、しょうがはすりおろして
しぼり汁を小さじ½用意する
・オーブンシートを12cm角の大きさに切って2枚用意する

作り方

1 生地を作る。薄力粉、ベーキングパウダー
砂糖をボウルに入れ、手でぐるぐると
空気を含ませるように混ぜ、水を加えて
ゴムべらで切り混ぜる。
粉っぽさが少なくなってきたら手でこねて
ひとつにまとめる。ラップに包み10分おく。

2 具とAをよく混ぜて、2等分して丸める。
生地を2等分して、めん棒などで
手の平より少し大きめにのばす。
生地に具をのせて、ひだをよせるように包み
オーブンシートの上にのせ、
蒸し器に入れ強火で12分蒸す。

大根餅《もち》

材料と手順をぐっと簡単にした大根餅。カリッと焼き上がり、しゃくしゃくした食感も楽しめます。
そして毎年冬になると、ピアノ教室の帰り道や部活が終わった後に
みんなでこそこそ食べた中華まん。それは最強のおやつであり、ごはんがわりでした。

材料（1人分）

大根……10㎝
薄力粉……きざんだ大根と同量
（目分量でよい）
塩……小さじ¼
さくらえび……大さじ2
万能ねぎ……3本
ごま油……大さじ2
酢じょうゆ（しょうゆ＋酢）
……適宜

準備

・大根はみじん切りにする
（フードプロセッサーを使うと簡単）
・万能ねぎは小口切りにする

作り方

1 ボウルにきざんだ大根、薄力粉
塩を加えて手で混ぜる。
粉っぽさがなくなってきたら
さくらえびと万能ねぎを加え、ひとつにまとめる。
手にべたべたつかない程度にまとまればOK。

2 一口大にしたものを丸めて薄くつぶしたら
中火にしてごま油をひいたフライパンの上で
焼き色がつくまで焼く。裏返して少し火を弱め
ふたをして焼き色がつくまで5分ほど焼く。
皿に盛り、酢じょうゆをつけて食べる。

『ごはんですよ』のさしすせそ？

すや酒など

しお

みその代わりに油いろいろ

せうゆ

手間をかけずにおいしいごはんを食べるなら「よい調味料」を選ぶこと。原材料や作り方ができるだけシンプルな調味料のことです。

砂糖は、**きび砂糖**を使っています。みりんと併用すると、甘さに奥行きが出ます。**塩**は、味を決めるのに欠かせません。海水から作られるものを選んでいます。酸味がさまざまな**お酢**は、まずはひとつ選んで、それを基準に好みに合うものを探しましょう。酒やみりんは料理酒やみりん風調味料ではなく、ぜひ**日本酒（清酒）**、**本みりん**を使ってくださいね。大豆から作られた**しょうゆ**はもちろん、魚から作られた**ナンプラー**も定番。しょうゆを使う料理の一部をナンプラーに置き換えてみると、新しい発見がありますよ。油にはさまざまな味や風味があり、大切な調味料です。**太白《たいはく》ごま油**はクセがなく、何にでも使える万能タイプ。**オリーブオイル**、**ごま油**、**菜種油**は味にコクや個性があるので、それを生かした料理に合わせます。

毎日使うものなので財布の口をゆるめつつも、続けられる値段のものを選んでくださいね。

幸せのひとさじ

スープ

季節の素材や冷蔵庫の半端な野菜、一見ばらばらなものでもスープにすると味がすっとまとまるのが不思議です。忙しい時は大きな鍋にまとめて作って大助かり。

3つの冷たいスープ

季節の野菜をすりおろしたり細かくたたいたりして、なめらかになったひんやりスープは
食欲のない暑い季節にもぴったり。冷たいアイスもいいけれど
こんな風に食感や口あたりを工夫して、涼しさを感じたいと思います。
汗をかく分、ちょっと塩をきかせて。

とうもろこしのポタージュ

冬は手軽に缶詰で、夏はぜひ生のとうもろこしを使って。
あたたかくしてもおいしい、子どもの頃から好きな味。

材料（2人分）
コーン（粒状の缶詰）……大１缶
だし汁……150㎖
牛乳（豆乳でも）……50㎖
塩……小さじ¼～
コーン（トッピング用）……適宜

準備
・だし汁を用意しておく（下で紹介）
・生のとうもろこしを使う場合は
２本分の実を包丁ではずし、だし汁（分量外）でやわらかくなるまで煮る

作り方

1　だし汁とコーン（缶汁は加えない）を
ミキサーかフードプロセッサーにかけて
細かくし、ざるでこす。

2　**1**をボウルに入れ、牛乳、塩を加え味を調える。
器にそそぎ、コーンをトッピングする。
すぐに食べない場合は
一度火を通してから冷やしておく。

基本のだし汁のとり方

材料（作りやすい分量）
水……１ℓ
昆布（10㎝角）……１枚
かつおぶし……ひとつかみ

準備
鍋に分量の水と昆布を入れ
30分～１時間つけておく
（昆布をひたす時間がない時は
ごく弱火でもどるまで煮る）

作り方

1　昆布をひたした鍋を中火にかけ、
沸騰直前で昆布をひきあげる。
沸騰したら火を少し弱め
かつおぶしを加えひと煮立ちしたら火を止める。

2　３分ほどそのままにしてから、ざるでこす。
（最後はかつおぶしを軽く押しながら）
ぎゅうぎゅう押すと臭みが出るので要注意。

トマトスープ

これ以上はないほどのシンプルなレシピですが
旬のものは、もうそれだけで十分おいしいのです……！

材料（1人分）

完熟トマト（大）……1個
塩……ひとつまみ
レモン汁……少々

作り方

1 トマトはおろし金ですりおろす。

2 ざるでこし、塩とレモン汁を加える。
よく冷やして食べる。

モロヘイヤのパワースープ

聞き慣れない「亜麻仁油《あまにゆ》」ですが、ナッツのようなコクが大好き。
クセになる味わいです。加熱にむかない油なので生のままで！

材料（2人分）

モロヘイヤ……1束
だし汁（冷ましたもの）
……200㎖
しょうゆ……小さじ1
みょうが……½個
塩……適量
亜麻仁油……適量

準備

- モロヘイヤは固い茎をのぞき
  葉をちぎる
- みょうがはみじん切りにする
- だし汁を用意しておく
  （右ページで紹介）

作り方

1 鍋にたっぷりのお湯を沸かし
モロヘイヤの葉を入れ、3秒数えて氷水にとる。
水気をしっかりしぼり、包丁で細かくたたく。

2 ボウルにモロヘイヤを入れ
だし汁を少しずつ加えてのばす。
しょうゆを加え、味をみて塩を加える。

3 器にそそぎ、みょうがをのせ
食べる直前に亜麻仁油をたらす。

作り置きすると
味がぼやけるから
食べる直前に
作るんだよ

3つの温かいポタージュ

冬の寒い日、鍋からたちのぼる甘い匂いや湯気を感じることができるのは
作っている人の特権です。
あったかいものの効果は、心もあたたまること。
ありあわせの野菜で作ったスープが、それだけで幸せなごはんになります。

かぼちゃココナツ

アジアの香りのするちょっぴり濃厚なポタージュ。
パンをたっぷりひたして食べるのもおすすめです。

材料（2人分）

A
- かぼちゃ……⅛個（皮をとって約150g）
- 玉ねぎ……¼個
- にんにく……¼かけ

油……小さじ1
水……100mℓ〜
ココナツミルク……50mℓ
ナンプラー……小さじ1
塩……適宜
香菜《シャンツァイ》……適宜

準備

- かぼちゃと玉ねぎは薄切り
にんにくは芯を取って
みじん切りにする
- 香菜はざく切りにする

作り方

1　鍋に油を入れて中火で熱し、Aを入れ
玉ねぎがしんなりするまで炒める。
水100mℓを加えて強火にし、沸騰したら弱火にし
ふたをして、かぼちゃがやわらかくなるまで煮る。
やわらかくなる前に水がなくなったら少量足す。

2　ゆで汁ごとミキサーかフードプロセッサーに入れ
ピュレ状にする。

3　**2**を鍋に移し、ココナツミルク、ナンプラーを加え
適宜、水を加えながら好みの濃度にする。
沸騰直前まであたため、塩で味を調える。
器にそそぎ、香菜をちらす。

カリフラワーのポタージュ

離乳食のようにシンプルですが、色々足さないことが一番のポイント。
カリフラワーの上品な甘みが生きるよう塩はひかえめに。

材料（2人分）

カリフラワー……½個（約200g）
水……100㎖
牛乳（豆乳でも）……200㎖
塩、こしょう……少々
オリーブオイル……適宜

準備

・カリフラワーは小房にわける

作り方

1 大きな鍋にカリフラワーを入れ
水、塩ひとつまみ（分量外）を加え
ふたをして強火にかける。
沸騰したら弱火にして
やわらかくなるまで蒸し煮にする。
やわらかくなる前に水がなくなったら少量足す。

2 ゆで汁ごとミキサーに入れ
分量の牛乳のうち少量を加えて
ピュレ状にする。

3 鍋に**2**と残りの牛乳を加え
よく混ぜながら沸騰直前まであたためる。
塩、こしょうで味を調えたら器にそそぎ
オリーブオイルをたらす。

とろとろれんこん

れんこんは、すりおろすことで自然なとろみがつきます。
なんとも滋味深い味なのです。

材料（2人分）

れんこん……½本
（皮をむいて約100g）
だし汁……250㎖
みそ（できれば白みそ）……大さじ½
塩……適宜
万能ねぎ……適宜

準備

・れんこんは皮をむいてすりおろし
万能ねぎは小口切りにする
・だし汁を用意しておく（p.76で紹介）

作り方

1 鍋にすりおろしたれんこんとだし汁を入れて
中火にかけ、沸騰したら弱火にして
時々混ぜながら3～5分ほど煮て火を通す。

2 みそを溶き入れ、塩で味を調える。
器にそそぎ、万能ねぎをちらす。

ジンジャースープ

材料（2〜3人分）

しょうが……2かけ
玉ねぎ……¼個
にんじん……¼本
さつまいも……¼本
オリーブオイル……大さじ½
水……500mℓ
みそ……小さじ1
塩……適宜
ディル（乾燥）……適宜

準備

・しょうがは細かなみじん切り
　他の野菜はやや粗めの
　みじん切りにする

作り方

1　鍋にオリーブオイルを中火で熱し
しょうがと野菜をすべて加えざっと混ぜたら
塩ひとつまみ（分量外）をふり
ふたをして時々混ぜながら、弱火にして
じっくりと蒸らすように5分ほど火を通す。

2　**1**に水を加えて中火にし
沸騰したらアクを取ってさらに5分煮る。
みそ、塩で味を調え、器にそそいでディルをちらす。

しょうがと玉ねぎ以外は
季節のものを1〜2種類。
色々思い出す味だねぇ

思い出の根菜汁

実家でいつも食べていた新潟の煮物「のっぺ」に、鮭や鶏肉の入ったお雑煮の記憶が混じって
いつの間にかこんな根菜汁を作るようになりました。みそとハーブが隠し味のジンジャースープは
パンにもごはんにも合います。だし汁は使わず野菜からじんわり出るうまみを生かして。

材料（2～3人分）

さといも……小3個
大根……3cm
にんじん……5cm
しいたけ……3個
塩鮭……1切れ
とり肉……100g
だし汁……400mℓ
酒……大さじ1
しょうゆ……小さじ1
塩……適宜
いくら……適宜

準備

- さといもは皮をむいて小さめの乱切りにし
  水からゆでて沸騰したら一度ざるにとる（煮こぼす）
- 大根、にんじんは拍子木切りに
  しいたけは1cmの角切りにし、塩鮭ととり肉は一口大に切る
- だし汁を用意しておく（p.76参照）

作り方

1 鍋にだし汁と野菜をすべて加え中火にかけ
沸騰したら鮭、とり肉、酒を加え弱火にし
アクを取りながらやわらかくなるまで10～15分煮る。

2 しょうゆを加え塩で味を調え
仕上げにいくらを入れて半熟になるまで火を通す。

『ごはんですよ』花嫁修業百科

この本のレシピを活用していく中で「失敗したかな?!」、「どうも一般的な表現のようだが分からない」というような用語があれば、ためしにこの百科をめくってみてください。

当百科は、より気軽に「またあれ食べよう」と思っていただけたらなあという考えのもとに、色々な失敗体験によって編まれております。若干偏ったラインナップではありますが、一家に一冊、嫁入り道具になれば本望です。

—使い方—

項目は五十音順に並んでいます。

例えば、「オクラを板ずりする」という行為の意味が分からない時、そもそも何という単語から引けばいいのか戸惑うかもしれません。「オクラ」なのか「板ずり」なのか。その場合には、「オクラ」からでも「板ずり」からでも、両方の単語から引けることを目指しています。

項目内の用例は、状況の分かりやすさを優先させ、順不同の場合があります。

—記号の意味—

—— 見出し語の代用

→○○ ○○を参照のこと

あ

【青とうがらし】 →とうがらし

【赤とうがらし】 →とうがらし

【アク】 野菜の渋みやえぐみなどのもとになる成分。ごぼうは水にさらすとアクがぬける。または肉などを煮た時に、煮汁の表面に浮き出る白く濁ったもの。お玉などですくって取る。ただしアクも素材の味の一部なので取りすぎに注意。

【味】 **——見をする** 大切！ 好きな味になるように、最後にちょっとだけなめてみること。物足りなかったり濃かったりしたら、調味料を足したり水や粉を加えたりして調整を。

【油】 **——揚げ** 薄い豆腐を油で揚げた食べ物。あげ。

——がまわる 具材に油がからんでいきわたること。または時間が経った揚げ物などの油がしみていやな感じになっていること。

——抜き 油揚げの余分な油っぽさ、匂いなどを取り除くために、ざるに油揚げを入れて上からお湯をかけたり、お湯の中で

味見をする

さっとゆがいたりすること。油抜きしたら、キッチンペーパーなどで余分な水分を取るように。上質な油で揚げたものは油抜きの必要はなし。著者はおいしさ+油分のついたざるを洗うのが嫌いなので油揚げはちょっといいものを選ぶようにしている。

亜麻仁油《あまにゅ》　熱すると成分が変質するので、かならず「生のまま」で用いる油。体によいと言われるオメガ3を含む。ナッツのようなコクがあり、冷や奴やそうめんのつゆにたらしたりもする著者の大好物。

オリーブオイル　オリーブの実からとる油で、一番搾りのエクストラバージンオイルがおすすめ。生食なら個性のあるもの、調理にはクセが強すぎない方がいいですよ。

ごま――　ごまを搾ってとる油。焙煎具合で、味がずいぶんと異なる。深く煎ったごまの油は香ばしい匂いと味。太白ごま油はほとんど生のまま搾ったもので、無色透明でクセもない。この本のレシピで油（菜種油）がない場合は太白ごま油がおすすめ。

菜種――　そのコクと風味から、とにかく著者の好きな油。ごはんにもおやつにも登場頻度が高い。ただしメーカーによって味が様々なのでまずは少量サイズを買って好みのものを見つけて。

【アボカド】　森のバター。ちなみに海のミルクは牡蠣。畑の肉は大豆。著者はこの微妙なたとえが大好き。

【甘栗】　熱した小石の中に栗の実を入れ、糖液を加えて蒸し焼きにしたもの。コンビニでもよく見かける茶色の小粒の栗。くれぐれも黄色い甘露煮とはお間違えなきよう。

【アラビアータ】　イタリア料理の定番、とうがらしをきかせたトマトソースのこと。辛くてカッカと怒ったような顔になるから、イタリア語で「怒り」という意味らしい。

【あらみじん】　→切る

【いしづき】　きのこ類の軸のかたい部分のこと。軸は味わい深いので、捨てたらもったいないよ。

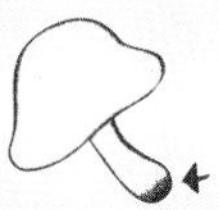

【板ずり】　塩をまぶしてまな板の上で転がすこと。

オクラを――する　これには色々な効果がある。①チクチク障る、表面の産毛がとれる。②かたい皮の表面にキズが作られ、味がしみ込みやすくなる。③オクラのもつ生臭さとえぐみが取り除かれる、などなど。

【いりつける】　水気がなくなるまでいる。

【うす切り】　→切る

【うどん】　日本人の好きなめんのひとつ。

稲庭――　秋田名物細めのつるっとしたうどん。ゆで時間も短く著者はこれが好き。

さぬき――　太くて、大変強いコシが特徴。

冷凍――　ゆでたうどんを凍ったままストックできる便利なめん。もちもち。

【XO醬】　ブランデーの最高級を意味するeXtra Oldからとられたそうだが、ブランデーとは無関係。乾物を使ったみそ風の合わせ調味料。この本でも、干し貝柱や干しえびなど、めずらしくぜいたく気味にXO醬風の冷やし中華のたれを紹介。

【えび】　生のえびもゆでたえびも好きな著者。この本にも色々なえびが出てきます。

干し――　干して、うま味が凝縮されたえび。水でもどしてだしに使う。

さくら――　この本で使うのは紅色をした小さい干しえびの一種。そのままでも食べられる。

【オイスターソース】　塩ゆでした牡蠣の煮汁に砂糖などで味を調整して作ったとろっとした調味料。濃厚なうま味があって、少し加えるとたちまち中華風の味に。

【オーブンシート】　材料と型や天板などがくっついてしまうのを防ぐ紙。焼くのにも蒸すのにも使えて便利。クッキングシート。

【オクラ】　夏野菜の代表格。チクチクする毛がびっしり生えているが、切り口は星型でかわいい。ねばねばしていて元気が出る。

→板ずり

【おやつですよ】 面白くて役立つ、かんたんなおやつ作りのレシピ本。『ごはんですよ』があるのも、『おやつですよ』を使ってくださっているみなさんのおかげです。

か

【かけ】 にんにくやしょうがなどを数える時に使う単位。男の人の親指第一関節くらいが目安、15g前後。担当編集者は「かけ」を「ひとかたまり」のことだと思って試作をしており、著者をあわてさせました。

【型】 **タルト――** タルトの皮を焼く時に使う型。ふちがなみなみ。ない場合には家にある耐熱皿でも代用可能。

パウンド―― パウンドケーキを焼く時に使う型。クッキーなどが入っている四角い缶でも代用できる。

【かたい】 **ピザ生地が――** 発酵が足りなかったか、焼きすぎましたか?

【からめる】 液体や粉などに、具材をよくまとわせること。

【カリフラワー】 原産地は不明というミステリアスな存在。さっと炒めてもとろとろに煮てもおいしい。が、中途半端にやわらかいと、ウーン（ブロッコリーも同様）。

【軽く】 **――塩をふる** 少しだけね。

【カレー】 **――粉** 二十数種の香辛料を合わせた、辛味や香りの強い黄色の粉末のこと（黄色はターメリックの色）。辛味のためにこしょう、しょうが、とうがらし、香りのためにパクチー、カルダモンなどが入る。

――のルウ 基本的には、カレー粉に小麦粉を混ぜていったもの。水でのばせばカレーのでき上がり。

【皮】 **しょうがの――** 皮の部分に風味がつまっているので、安心できるものを選んで、できれば皮ごと使いたい。

【キーマ】 インドなどの言葉で、細かいもの、転じて肉を細かくしたひき肉、という意味とされる模様。

――カレー みじん切りにした野菜とひき肉を炒めて作るカレーのこと。

【きつね】 きつねは油揚げを好むと言われることから、油揚げを使ったごはんはきつね○○と呼ばれる。その他、色っぽく男を惑わす女性の形容や、ずるがしこい人を表わすのにも使われる幅広い言葉。

めぎつね

【きのこ】 特に秋の味覚。風味がとぶのを防ぐため、水では洗わずに、キッチンペーパーやぬれ布巾などで汚れを落とすにとどめるのがよい。次のように色々な種類があって、どれも土や汚れを落とせば軸までおいしく食べられる。ベジタリアンメニューではだしが出る素として重宝される。

えのき この本ではなめたけに使っているが、おひたしやお吸い物にも。

しいたけ 干ししいたけは、水につけておくとおいしいだしが出る。

しめじ 香りまつたけ味しめじ、ということわざ通り、炊き込みごはんで威力を発揮する。

まいたけ この本に出てくるハンバーガーの奥深いパテの味は、まいたけのお陰。

マッシュルーム サラダからスープにまで、使えばほのかに洋風の味に。

【きび砂糖】 コクのあるおだやかな甘みで体にゆっくり吸収される著者の好きな砂糖。

【切り干し大根】 大根を細長く、または薄く切って干したもの。千切り大根とも。

【切る】 **太巻きを――** ラップをしたまま切ったり、パン切り包丁を使うとやりやすい。以下、その他の切り方。

うす切り　端から薄く切ること。切り口は丸のままでも、半分にしてから切っても。

くし形切り　玉ねぎやトマトなど、丸い野菜を縦半分にし、くしの形に切り分けること。

小口切り　ねぎやきゅうりなど細長いものを端から切る。

ざく切り　キャベツや青菜を幅3～4㎝くらいでザクザク切ること。そのまんま。

千切り　細長く刻むこと。

短冊切り　短冊のように長方形を2㎜程度の薄さに切る方法。火が通りやすいので、汁ものや炒めものによく使う。

ななめ切り　端から斜めに同じ幅で切る方法。

拍子木切り　拍子木のように四角柱に切る方法。短冊切りよりも厚く切る。

みじん切り　材料を細かくきざむこと。千切りにしたものを端から細かく切る方法がやりやすい。

あらみじん　みじん切りよりやや粗めに。あまり神経質にならなくてよいみじん切り。

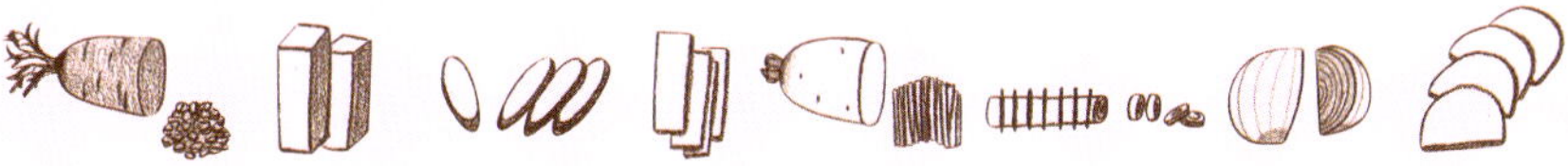

うす切り　くし形切り　小口切り　千切り　短冊切り　ななめ切り　拍子木切り　みじん切り

乱切り　細長いものを回しながら斜めに包丁を入れていく。不格好だが、切り口が多い分、味がしみ込みやすい。

乱切り

【くし形切り】　→切る

【ぐずぐず】　煮続けられたりして材料が煮溶けて混じり合ってくる様子。

ぐずぐず

【葛粉】　葛の根から作られる粉。とろみづけに。体を温める効果があるとされ、しょうがのすりおろしと組み合わせれば、冷え対策に効果大。

水溶き——　液体の中に加えるととろみがつく。沸騰した状態で混ぜながら加えないと、だまになって大変。

【車麩】　→麩

【くるみ】　ナッツ。著者の大変好きなもの。太巻きにくるみ、だまされたと思って食べてみてください。

山——　鬼ぐるみとも呼ばれる。日本の、自然にとれるくるみ。

【香菜】　→シャンツァイ

【小口切り】　→切る

【ココナツ】

——ミルク　熟したココナツの実の白い果肉を削った中に湯を加え、もんで絞り出したもの。材料に加えると、にわかに南国の気分になれる。著者はココナツ好きで、おやつにもよく使います。

——パウダー　ココナツミルクを乾燥させたもの。水分を加えたくない時に便利。水を加えれば液体のココナツミルクに。

【粉】

——っぽさが残る　粉のままの感じがある状態。

【ごはん】　朝昼晩、それぞれの食事。またはお米を炊いたもの。日本人にとってはやっぱりごはん＝お米なのでしょうかね。

炊き込み——　お米と具材をだしとともに炊いたごはんのこと。

ピラフ　米をバターで炒めて具材を加え、スープで炊き上げた「洋風の」ごはん。この本では米を炒めずバターも使わないで簡単においしいにんじんピラフが作れます。

【ごぼう】　皮と身の間にうま味があるし、細いので、新物や新鮮なものはたわしでこする程度で大丈夫。表面がかたくなっているものは、包丁の背でこするようにしてこそげ取るのがよい。→ささがき

【こぼす】　中身が流れ出ること。

ゆで―― ゆでた後のお湯を捨てて、中身だけを残すこと。やけどに注意。

煮―― 材料を煮て、その煮汁を捨てること。アクやぬめりの出やすい材料をゆでる時などに使う方法。

【米】 **――をとぐ** **――を炊く** 著者は次のようにしています。

①米を計量してざるに入れ、最初の水を最も吸うので浄水をまわしかけ、その後は水道水でとぎ、最後にふたたび浄水をかける。

②1～1・2倍量の水とともに厚手の鍋に入れ、30分以上つけておく。

③最初は強火、全体が沸騰したらごく弱火にしてふたをし、1合なら10分、2合なら12分程度炊く。

④火を止め10分蒸らし全体をさっくり混ぜる。

うるち―― 粘り気の少ない、普通のお米。いつものごはんはこれ。

もち―― 粘り気が多く、餅や赤飯、おこわにするお米。

さ

【ざく切り】 ↓切る

【さくらえび】 ↓えび

【酒粕】 もろみからお酒を搾ったあとのかすのこと。この本では酒粕うどんに使用。火に通す時間を長くすると、匂いが飛びます。そのまま焼いて食べてもおいしいよ。

【ささがき】 **ごぼうを――にする** 鉛筆削りのように端から薄く削っていく。ごぼうはアクが強いので、水をはったボウルに落としていくとよい。削ったごぼうが笹の葉の形に似ているところからこの呼び名に。

【さしすせそ】 和食の基本の調味料でこの5つがあれば、というもの。また、しみこみ方などの効果を考慮して、さしすせその順序で使うのがよしとされている。「さ」とう、「し」お、「す」、「せ」うゆ（今でいうところのしょうゆですね）、み「そ」。

【さっくり】 **――と混ぜる** 力を入れずに、押し付けずに混ぜる。

【室温】 **――にもどす** 生地などを冷蔵庫で冷たくしていたものを、外に出し、常温になじませて扱いやすくすること。

【しまる】 **味が――** つかみどころのなかった味や食感が、キュッとまとまっておいしくなること。

しまる

【シャンツァイ】 パクチー、香菜など呼び名はさまざま。特に東南アジアでのごはんには欠かせないハーブ。青く強いくせがあるため好き嫌いが分かれるが、いやよいやよも好きのうち、20代後半で急に大好きになる人も多い。著者はもともと大嫌いであったがベトナム料理店で働くことになり、無理矢理好きになろうと決心して地道な努力をした。今は大好き。

【しょうが】 著者は好きすぎて、もはや適量がよく分からないほど。熱を加えて食べると体を温める効果のある香味野菜。かたまりが、グーの形に見えることから、お金を渡さないケチな人のことを、しょうがとたとえる場合も。 ↓皮

【紹興酒】 蒸したもち米と小麦こうじなどを原料にしたお酒。甘めの濃厚な味わいがあって、料理に使うと中華風の味になる。

【少々】 少しずつ、お好みの味になるまで様子をみましょう。ごはん作りはお気楽。

【白だし】 ↓だし

【浸水】 水につけること。お米を炊く時には、スムーズに芯まで火を通すために、あらかじめ30分以上浸水させておくことがポイント。特に炊き込みごはんなど味をつけて炊く時は、浸水が不十分だと芯が残ることも。

【しんなり】 やわらかくしなやかな様子。

【スパイス】 刺激をもたらす。この本には、しょうが、ナツメグ、赤とうがらしなどの

スパイスが登場します。

【すり鉢】 すりこぎ（棒）で、ごまやみそなどをすりつぶしたり、ペーストを作るのに使う鉢。機械に比べて手入れが楽。一つ選ぶなら大きめのものがおすすめ。小さいのは案外使い勝手が悪いのです。

【千切り】 →切る

【全粒粉】 小麦の皮や胚芽も一緒に粉にした、茶色い小麦粉。素朴な風味になる。

【そうめん】 夏の定番。でもあったかくすれば冬もおいしく食べられる。吸い物の具が何もない時、だし汁に直接折って入れても。

【そぼろ】 ひき肉、魚肉やえびなどを、ゆでたり炒めたりしてほぐしたもの。または溶き卵などを汁気がなくなりぱらぱらになるまでいったもの。

た

【耐熱】 **――皿** オーブンに使うなど急熱や急に冷やしてもびくともしない強い器。とはいえ、むやみやたらに乱暴に扱ったら割れることもあります。タルト型にもなる。

【太白ごま油】 →油

【炊き込み】 **――ごはん** →ごはん

【だし】 昆布やかつおぶしなどを煮出したり干物を水でもどして、おいしい成分をうつした液体。

赤―― 八丁みそなどの豆みそに米みそを合わせて作ったみそ汁。または豆をベースに昆布やだしなどを入れた調合みそのこと。ふつうの「だし」や「白だし」とはまた意味が違うのですね。

白―― 白しょうゆや淡口しょうゆに昆布やかつおぶしなどから取っただし汁やみりんなどを加えたもの。煮物や吸い物に色をつけたくない時や、上品っぽく仕上げたい時に使う。

【たたく】 包丁で、打つようにして細かく切ったりやわらかくしたりすること。

【玉ねぎ】 この本に頻繁に登場するなじみ深い野菜。みじん切り、うす切り、くし形切りなど、切り方で食感も全然違う。

――を炒める 炒めると甘みとうま味が強くなりますが、焦がすと苦みが出るので要注意。

【たらす】 液体を少しずつ流し落とすこと。かける、と同じ意味。

【タルト】 クッキー生地の上に中身をのせて焼いたもの。

――型 →型

【短冊切り】 →切る

【チーズ】 お乳を発酵させた食品。色々な種類がある。

溶ける―― ドリアやグラタンにのせて焼くと、とろっと広がって焼き上がりが楽しい。熱々のうちはのびる。

パルメザン―― 削ってスパゲッティなどに使うことが多い。この本ではまかないのペンネなどに登場。市販の粉チーズでも代用できるが、かたまりは断然風味がいいですよ。かつおぶしをその都度削って使うのと、市販の削り節を使うようなものですね。

モッツァレラ―― 水牛の乳で作る、ふにゃふにゃとやわらかくさっぱりしたチーズ。

【中華めん】 ラーメンや焼きそばに使われる黄色っぽい生めんのこと。

【ツナ】 マグロの油漬け。おにぎりに入れることを思いついた人はすごい。子どもの頃は商品名「シーチキン」の方が浸透していたけどね。

【つなぎ】 くずれやすかったりねばり気がないものを固めるために混ぜるもの。この本では、てりやきベジバーガーのパテ部分のパン粉。

【つまみ】 おつまみのことではなくて、ここではひとつまみ、ふたつまみ、などのこと。親指と人差し指、中指でつまんでみて、つまみ切れる分量のこと。または、その程度のわずかな量ということ。

【ディル】 ちょっと縁遠いハーブのようにも思われますが、スーパーでは生、乾燥のものが売られています。この本では乾燥を。

【適宜】 状況や必要に応じて、よければ用いましょう。

【電子レンジ】 著者は、実はほとんど使わないんですよね。

【とうがらし】 **赤――** この本では乾燥した赤とうがらしを使います。中の種は激辛のもとなので、いやなら入れなくても。

青―― 生のものを加熱すると辛味が甘味に変化し、乾燥したとうがらしでは加熱すると辛味が増す傾向にあるらしい。

【豆乳】 大豆を水にひたしてすりつぶし、水を加えて煮詰め、かすを漉した飲み物。小さいパックでも売られているので、飲み慣れなければそれから試しても。この本で豆乳とある場合は成分無調整のものを指す。

【豆腐】 **――の水切り** →水切り

【調える】 **味を――** 調理の最終段階で好みの味にすること。

【とろみ】 軽くねばる、とろりとした状態。

な

【ナツメグ】 ハンバーグなどのひき肉料理や魚料理の臭みを消すために用いられることが多い。使う量はごく少量。独特の甘い香りがあって、著者はスパイスの中でこの匂いが一番好きかもしれない。入れると急に料理上手になったと錯覚する。

【ななめ切り】 →切る

【鍋はだ】 鍋の内側の側面のこと。

【なます】 著者は長い間、甘いのか酸っぱいのか分からない、なますの存在が嫌いでした。でもバインミーでその底力に開眼。にんじんの赤と大根の白で縁起物としても食べられる。

【ナンプラー】 ひとふりすればアジアの味、タイやベトナムでおしょうゆのように使われる調味料。魚を塩で漬け込み、発酵させたものから出た液体。日本のしょっつるに似ている。独特の臭気がするので好き嫌いは分かれるが、一度好きになるとくせになる。ちょっとしか入っていないビンで買うと割高なので、好きな人は輸入食材店などで大びんを買うのがおすすめ。

【煮こぼす】 →こぼす

【煮詰まる】 煮えて水分がなくなること。

煮詰まる

【にんじんジュース】 著者は甘さが控えめな１００％にんじんジュースが大好き。お陰で肌つるつる。煮込み料理の水分として使うとコクが出る。

【ねぎ】 西日本と東日本では「ねぎ」といっても認識が違う模様。西日本ではねぎ＝青ねぎ、東日本ではねぎ＝白ねぎを指す。いろいろな種類があるので、用途によって使い分けます。

青―― 若く細いねぎ。いわゆる万能ねぎもこの仲間。

九条―― 太めの青ねぎ、京野菜の代表格。えぐみがないので、あまり火を通さなくても食べられる。割と高価。

長―― 白ねぎとも呼ばれる。太いねぎの白い部分はやわらかく甘みがあるのでマリネにしたり、千切りにして白髪ねぎにも。

万能―― 青ねぎ（葉ねぎ）の一種で福岡のＪＡ筑前あさくらが開発し、名づけた。細ねぎとも呼ばれる。

【濃厚】 こってり。でもしつこいのとは違います。

【濃縮】 濃度の高い液体。濃縮のめんつゆは水で割って使います。→めんつゆ

濃厚

【のっぺい汁】 全国各地にそれぞれ伝わる郷土料理。のっぺい、のっぺい鍋など、呼び方も色々。著者の故郷、新潟では、のっぺと言って汁の少ない煮物のようなものでし

た。寒い季節を思い出す味だなあ。

【のばす】①生地のかたまりをめん棒やラップ（を巻いたまま）の芯で平たく広げていくこと。②ペーストなどに液体を加えてゆるく薄めていくこと。

は

【葉】大根―― 捨てられがちだが煎ってふりかけにしたり、みそ汁の具にしたり。

【ハーブ】さわやかな刺激をもたらす香草。この本に登場するハーブは、バジル、ディル、香菜など。

【バインミー】ベトナムでもっとも一般的なサンドイッチの名前。パン、という意味。ベトナムでは料理の正式名称はバインミー・ティット（ティットは肉という意味）。

【パウンド型】→型

【バゲット】長さ約70〜80㎝前後の細長いパン。「杖」という意味。サンドイッチのパンとしてもよく使われる。この本ではバインミーで使用しています。

【バジル】インドや熱帯アジア原産のハーブで、イタリアのジェノバ付近ではバジルたっぷり「ジェノベーゼソース」がよく使われる。ジェノベーゼソースをピザ生地にぬって焼けば、清々しい香りにうっとり。トマトとも相性がよい。

【ハヤシライス】実は、ハッシュドビーフと同じ食べ物のことらしいです。ちなみに、煮込む時にサワークリームを入れると、ビーフストロガノフになります。

【パルメザンチーズ】→チーズ

【パン】ドッグ―― ホットドッグ用の細長いパン。ちょっと大きめのスーパーで売られています。

バーガー―― ハンバーガーに用いるパン。バンズ。これもスーパーで売られています。

フランス―― おせんべいのようにパリパリした皮、中は白くて気泡が大きく、塩味のパン。長さや重さ、表に入った切れ目の数で名前が違い、バゲットやバタール、フィセルなど色々な種類がある。→バゲット

【半熟】食べ物が十分煮えたりゆだったりしていないこと。なま煮え。

――卵 →ゆで卵

【ハンバーグ】ひき肉に炒めた玉ねぎ、つなぎ用のパン粉や卵、調味料などを混ぜ、楕円形にまとめてフライパンで焼いた料理。

【火】――が通る かたかった野菜は火が通ると竹串などを刺した時にスッと刺せる。べたべたしていたものは、同様にべたべたしたものが付かなくなる。

【ひじき】→もどす

【一口大】ちょうど一口で難なく食べられる大きさ。

【ひとつかみ】片手で無理なくつかめる程度の分量。つかみどりの精神だと多すぎ。

【ひとつまみ】→つまみ

【ひやごはん】炊いたごはんが冷めたもの。著者は余ったごはんは冷凍するのではなく、チャーハンやおじやにする率が高い。

【ピュレ状】材料をつぶしたり裏ごししたりしてとろっとさせた状態。ペーストの方が濃い。

【拍子木切り】→切る

【ひよこ豆】ひよこの形に似ているからひよこ豆というかどうかは定かではない。ガルバンゾ、チックピー。煮たものの缶詰がスーパーで手軽に買えるようになりました。

【ピラフ】→ごはん

【麩】水で練った小麦粉に含まれるたんぱく質のグルテンを主原料とした加工食品。加工の仕方で色々と食感が異なる。

車―― 焼き麩の一種。著者の出身地、新潟は産地として有名です。ちくわのように棒に麩の生地を巻いて、回転させながら直火焼きすることを何回もくり返してできる。

【フィリング】詰めものの中身のこと。パイの中身とか、キッシュの中身とか。

【フードプロセッサー】 通称フープロ。水分があまりなく、固形のものをくだく時に便利。小さすぎても大きすぎても使いづらいので、日常生活の中で何に使うことが多いかを考えて選ぶのがよい。ちなみに著者は安いものでいいので1台あるととても便利だと思っている。

【フォー】 米の粉で作られた平べったいめんで、ベトナムでは高級レストランから街の屋台までどこでも食べられる著者の大好物。この本ではうどんで代用している。

【ふくれる】 **ピザ生地が――** 生地を傷つけずにきれいにのばすと、焼いている時に風船のようにプーッと生地がふくれます。ちなみにふくれる特徴を生かしたのがピタパン、チャパティなど。ふくらみは冷めると落ち着くから、慌てなくて大丈夫。

【ふたつまみ】 →つまみ

【ふつふつ】 液体が静かに沸きたつ時の感じ。

【ブレンダー】 ミキサーと同じ。ハンディブレンダーは手でもって使うスティックタイプ。鍋に直接入れられるので、離乳食作りに便利。→ミキサー

【フレンチトースト】 アメリカのフレンチさんが作ったからという説があるけど、ほんとかな？ 誰が作っても大体はおいしくできるのが魅力。

【分量外】 材料部分に記されている分量以外に適宜、ということ。

【ペースト】 肉や野菜などをすりつぶした状態。

【べたべた】 物が粘りつく状態のこと。

べたべた

【べちゃべちゃ】 水分を多量に含みすぎている状態のこと。

【ペペロンチーノ】 イタリア語でとうがらしの意味。そばペペのペペはペペロンチーノのペペ。普通はパスタのペペロンチーノ。

【ペンネ】 ペン先のような形のマカロニ。食べごたえがあって満足。

【ほぐす】 食べ物などのかたまっているものを細かに分けること。

【干しえび】 →えび

【干し貝柱】 ちょっと高価だけど、うま味が詰まっている。おつまみにもいいね。

【ポタージュ】 スープ、特に、とろみのついた濃い不透明のもののこと。冷たくてもあったかくてもおいしい。

【ぼやける】 味の輪郭があいまいになって、よく分からない味になること。

ぼやける

【ぽろぽろ】 もろく砕ける様子。

ひき肉が――になる べとべとくっつかずに、ひき肉の一粒一粒が、独立しているような様子。ぽろぽろになるまで炒めると、肉の臭みが消えます。

ま

【まきす】 細長く切りそろえられた竹が木綿糸で編まれている、巻き寿司のための道具。卵焼きを作る時に用いられることもある。ラップフィルムで代用できる。

【マッシュポテト】 ゆでたじゃがいもをつぶした、なめらかでおいしいもの。

【ミキサー】 果実、野菜、豆腐など、色々なものを細かくくだいて滑らかにする道具。すり鉢でも代用できる。フードプロセッサーも仲間だが、水分が多いものはミキサーを使う方が適している。

【みじん切り】 →切る

【水切り】 **豆腐の――** より豆腐の味や食感を活かして料理を作るために、水分を抜くこと。豆腐をキッチンペーパーで包んで、上から重めの食器をのせる方法が簡単。思った以上に水分が

みずときくずこ～ろーりえ

出てくるので、豆腐の下には深めの皿などをあてておくとよい。その他、平らな皿にはしを2、3本並べて豆腐を1丁置き、600Wの電子レンジでラップをせずに2分半あたためるという方法も。

【水溶き葛粉】 →葛粉

【水菜】 生でも火を通しても。

【みそ】 地方ごとに好まれる味が違い、ソウルフードとも強く関わっていますね。著者は甘みのある麦みそが好きで、この数年自宅で手作りしています。

【蒸す】 蒸し器がない場合には、鍋の底に湯をはって、台（100円ショップなどでも売られている）を置き、その上に材料を並べて代用できます。蒸し器や鍋の、ふたと本体の間には布巾をかませること。かませないと、蒸す時に蒸気が材料に落ちてきてべちゃべちゃになります。ふたを布巾で包み、持ち手のところで真結びにしておくと、布巾の端に火が燃え移ったりしないので安心。火事のもとなので、くれぐれも空焚きに注意すること。

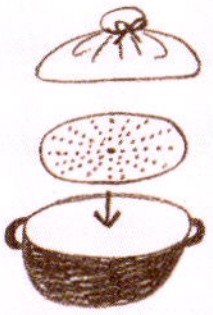

【蒸らす】 ごはんが炊きあがった後にすぐにふたをとらず、しばらくそのままにしておくこと。するとごはんに十分熱や湯気が通ってやわらかくでき上がります。蒸らさないと、ふっくら具合に偏りができる。

【めんつゆ】 そうめんなどのめん類を食べる時の、もっともシンプルなおつゆのひとつ。手作りするのは案外簡単なのです。ちなみに市販の3倍濃縮という場合には、めんつゆ：水＝1：2で計3になるという考え方をします。ちょっとややこしいね。

【もち米】 →米

【モッツァレラチーズ】 →チーズ

【もてる】 人気があること。基本的にこの本のレシピはひとりでも気楽に食べられるものとしてのラインナップですが、もてごはんは、しょうがたっぷりキーマカレーとベトナム風サラダめんのようです。

【もどし汁】 →もどす

【もどす】 **水で——** うま味がぎゅっと凝縮された干物を水につけておくと、加工する前の状態にもどる。そして水にも、そのうま味がしみだして、おいしいだしが出る（これがもどし汁となる）。

ひじきを—— 水につけておくと、ぎざぎざしていた乾燥ひじきがピーンとした状態になる。ちなみに乾物や豆はもどすとかなりかさが増えるので要注意。著者は過去に、泣きながらひじき煮を1週間以上食べ続けたことも。

や

【山くるみ】 →くるみ

【ゆでこぼす】 →こぼす

【ゆで卵】 特に半熟卵は人気が高い。

半熟—— 以下、著者の作り方。小鍋に卵と、かぶるくらいの水を入れて中火にかけ、沸騰したら7分ゆでて冷水に移すと半熟のゆで卵のでき上がり。

【ゆでる】 **めんを——** できるだけ大きめの鍋にたっぷりのお湯を沸かしてゆでるとおいしくできる。ケチケチして水が少ないと、めん同士がくっついたりねばりが出たり、いいことなし。

ら

【乱切り】 →切る

【ルウ】 **カレーの——** →カレー

【ロース】 ローストに適した牛や豚の肩・背のやわらかい上等な肉の部分。焼豚に使う。

【ローリエ】 月桂樹（オリンピックの表彰式の冠に使われるあれ）。肉の臭みを消すのにも使われるハーブ。

気楽にひとつだけ
——おわりに、に代えて——

　寒い冬の夜、晩ごはんもお風呂もすんで、家族みんなでこたつに入っていると、どこからともなく聞こえてくる夜鳴きそば（チャルメラ）の音。父がひとつだけ買いに走った発泡スチロールに入ったしょうゆラーメンを、にぎやかにみんなで分け合って食べたものです。申し訳程度にのっていたメンマとコーンが、なんだかものすごくおいしかった。そんな記憶を思い出しながら、簡単にできるラーメンを今もよく作ります。もっぱら煮るだけの即席めんで、具はきざんだねぎ程度。即席ラーメンらしく、あえてシンプルに。

　前の晩に炊いたごはんが残っている時は、夫婦どちらともなく作り始めるのが「ハムエッグごはん」。実家からの荷物によく忍ばせてあるハムと、なんとなくいつも冷蔵庫に

入っている卵。この組み合わせ、これ以上ないというくらい完璧な「ひとつだけごはん」だと思うのです。フライパンでハムをさっと焼き、卵を割り入れる。水をちょっと加えてふたをし、半熟に火が通るまで蒸し焼きにしたら、熱々のうちにごはんの上にのせて、しょうゆをひとたらし。ほうじ茶を用意してわしわし食べると、それだけで元気に過ごせそうな気がします。

ひとつだけのごはんは、その食べ物だけに向き合えばいいという潔いところが好きです。そして「栄養も補おう！」と意気込まなくても、また次のごはんで野菜食べようというくらいの気楽さを持つのが大事なのかなあと思います。同時にそれが、家のごはん作りを続けるコツでもあるような気がします。

ごはん作りも、おやつ作りも根っこは同じ。無理をせずに、作ることを楽しんでほしいなと思うのです。

ごはんですよ
くり返し作るわたしの定番レシピ集

2011年4月5日 第一刷発行

著　者　なかしましほ
発行者　飯窪成幸
発行所　株式会社 文藝春秋
　　　　〒102-8008 東京都千代田区紀尾井町3-23
電話　03-3265-1211
印刷・製本　凸版印刷株式会社

◎本書の無断複写は著作権法上での例外を除き禁じられています。また、私的使用以外のいかなる電子的複製行為も、一切認められておりません。
◎万一、落丁・乱丁の場合には、送料小社負担でお取り替えいたします。小社製作部宛にお送り下さい。

© Shiho Nakashima 2011　Printed in Japan
ISBN978-4-16-373880-2

なかしましほ

1972年新潟県生まれ。会社勤務、ヴェトナム料理店やオーガニックレストラン等での経験を重ね、2006年「foodmood（フードムード）」の名でお菓子の工房をオープン。「いつ食べても体に負担がなくおいしい」と評判に。著書に『まいにち食べたい"ごはんのような"ケーキとマフィンの本』（主婦と生活社）、『おやつですよ　くり返し作るわたしの定番レシピ集』（文藝春秋）など。
本書がはじめてのごはんレシピ集となる。

http://www.foodmood.jp/

写真　広瀬貴子
イラスト　七字由布
ブックデザイン　番　洋樹
校閲　山本直美　坂本　文
編集　児玉　藍
プリンティングディレクション　米原泰彦
協力　小田島千晶